Que règnent la paix et le bonheur

Discours de
Sri Mata Amritanandamayi
pendant la session plénière de clôture
du Parlement des Religions du Monde
à Barcelone, Espagne,
le 13 juillet 2004

M.A. Center, P.O. Box 613,
San Ramon, CA 94583, États-Unis

Que règnent la paix et le bonheur
Discours de Sri Mata Amritanandamayi

Publié par:
  M.A. Center
  P.O. Box 613
  San Ramon, CA 94583
  États-Unis

────── *May Peace and Happiness prevail (French)* ──────

Copyright © 2004
Mata Amritanandamayi Mission Trust
Tous droits réservés. Aucune partie de cette publication ne peut être enregistrée dans une banque de données, transmise ou reproduite de quelque manière que ce soit sans l'accord préalable et la permission expressément écrite de l'auteur.

En France :
  www.ammafrance.org

En Inde :
  inform@amritapuri.org
  www.amritapuri.org

Table des Matières

Préface   5
de **Frederico Mayor Zaragoza**
Ex-Secrétaire Général de l'UNESCO
Président de la Fondation Culture de Paix,
Madrid, Espagne

Introduction   9
par **Swami Amritaswarupananda Puri**
Mata Amritanandamayi Math

Discours   19
de **Sri Mata Amritanandamayi**

Préface

Tous ensemble, par une immense prière, nous pouvons changer le cours des événements. Notre espoir repose en chaque être humain qui est unique et capable de créer.

Amma nous dit : « Dans notre précipitation, nous oublions la plus grande des vérités : la cause de tous les problèmes se trouve dans le mental humain. » Pour citer le vers du grand écrivain américain Archibald McLeish, qui est au début du splendide préambule de la magnifique constitution de l'UNESCO : « Puisque la guerre naît du mental humain, c'est dans le mental humain que nous devons construire la forteresse de la paix. »

La véritable éducation nous libère et nous permet d'agir selon nos propres décisions, sans suivre les directives de quiconque. Les mass-médias, qui sont par ailleurs si utiles, peuvent aussi, par leur omniprésence et leur grande puissance d'attraction, faire de nous des spectateurs passifs, uniformisés, dociles face à ce qu'ils nous offrent et à leurs recommandations intéressées. Il est indispensable d'avoir le temps de penser, de sentir, d'écouter, de connaître les autres et, finalement, ce qui est très difficile, de se connaître soi-même.

Comme l'a dit Amma au Parlement des Religions du Monde : « Tout en comprenant le monde extérieur, il est indispensable que nous apprenions à connaître aussi le monde intérieur. » Elle a ajouté : « L'amour et la compassion sont l'essence même de toutes les religions... L'amour ne connaît pas de limites telles que la religion, la couleur, la nationalité ou la caste. »

Pour éliminer la pauvreté, pour réussir à soulager ou à effacer la souffrance, il est nécessaire de donner et de se donner. De donner tout ce que nous pouvons mais, par-dessus tout, de donner notre temps, notre connaissance, notre sentiment fraternel.

Le dénuement matériel d'un grand nombre de personnes est le résultat du dénuement spirituel de ceux qui auraient pu soulager leur détresse. Il faut souligner instamment que c'est le fruit d'une culture qui force, contraint et domine, ainsi que la conséquence du comportement de gens et d'institutions qui gardent le silence

Préface

au lieu d'exprimer librement leurs protestations et de soumettre leurs propositions.

Le moment est venu d'instaurer une culture du dialogue, du consentement mutuel, de la compréhension. Le moment est venu d'instaurer une culture de la paix, de l'entraide, des voies qui s'unissent. Nous voici enfin au siècle de tous et de chacun ! Enfin, nous voilà tous différents mais bien unis ! Il s'agit donc d'une nouvelle étape dans l'histoire de l'humanité.

Amma nous demande de travailler pour les autres, pour les plus pauvres. Je souhaite que sa prière soit exaucée : « Puisse l'arbre de la vie être fermement enraciné dans le terreau de l'amour. »

Federico Mayor Zaragoza
Ex-Secrétaire Général de l'UNESCO
Président de la Fondation Culture de Paix,
Madrid, Espagne
Août 2004

Introduction

De nos jours, des concepts tels que la diversité des religions et des cultures, les différences qui existent entre elles, sont souvent associés au conflit, à la guerre et au terrorisme. Depuis le 11 septembre 2001, le monde a changé : la conscience collective est maintenant remplie de peur, de soupçon et même d'hostilité envers ceux qui sont différents de nous. A ce point de l'histoire, un rassemblement international des religions est peut-être plus indispensable que jamais. Le monde a soif d'une voix qui nous exhorte à nous unir dans la paix : au Parlement des Religions du Monde, à Barcelone, Amma fut cette voix. En cette heure critique, la sagesse universelle et intemporelle de ses paroles nous parle et nous touche avec une intensité extraordinaire.

L'arrivée d'Amma sur la scène fut saluée par les ovations de tout le public, qui se leva. Un journaliste déclara : « La nature de sa personnalité est telle que l'on se sent spontanément attiré vers elle. Et elle est bien sûr différente et unique, elle ne ressemble pas aux autres maîtres spirituels. » L'auditorium était plein à craquer, la foule débordait dans les allées et les couloirs. L'atmosphère était imprégnée d'un profond respect et d'un enthousiasme incontrôlable. En ce septième et dernier jour du Parlement, Amma allait prononcer le discours principal de la séance plénière de clôture. Son sujet était : « Les voies menant à la paix : la sagesse de l'écoute, la puissance de l'engagement ».

Quel enseignement allait donc nous donner, à cette occasion, cet Etre spirituel remarquable ? Comment allait-elle synthétiser l'essence de centaines d'exposés, de discussions et de symposiums qui s'étaient déroulés pendant cette semaine pour en faire un message unique, condensant et unifiant le tout ? Au fur et à mesure qu'Amma parlait, la réponse venait. Les problèmes réels auxquels nous sommes aujourd'hui confrontés et les moyens de les résoudre furent exposés un à un. Amma, comme c'est le rôle du vrai maître spirituel, réussit à rassembler tous les messages, les enseignements et les chemins pour les fondre en un seul. Comme toujours, ses paroles étaient simples, mais profondes. Tout en exposant les principes spirituels les plus fondamentaux, le

Introduction

discours d'Amma contenait des histoires captivantes, des exemples pratiques et de belles analogies. Lors de ce discours bref mais énergique, elle réussit en fait à aborder tous les domaines de la vie.

Amma commença son discours en expliquant comment considérer les talents que Dieu nous a donnés. Au lieu d'augmenter notre pouvoir uniquement sous ses différentes formes matérielles, il s'agit de développer notre pouvoir spirituel inné. C'est ainsi qu'il nous sera possible d'atteindre la paix et le contentement réels. Au lieu de se contenter de blâmer la religion pour la frustration perpétuelle que l'humanité rencontre dans sa quête du bonheur, le discours apporte une vision renouvelée de la religion et de la spiritualité, une vision dont le monde actuel a un besoin pressant. Nous exhortant à voir et à comprendre l'essence de la religion d'un point de vue spirituel, Amma nous rappelle : « Là où il y a expérience spirituelle authentique, il ne peut pas y avoir de division, il n'y a qu'unité et amour. »

Amma nous met en garde contre la bigoterie religieuse et remarque : « Le problème surgit quand nous déclarons : ' Notre religion a raison, la vôtre a tort.' Cela revient à dire : « Ma mère est une femme très bien, la tienne est une prostituée ! » Mais elle indique aussi la voie qui débouche sur une solution : « En vérité, l'amour est la seule religion qui puisse aider l'humanité à s'élever vers des hauteurs sublimes et glorieuses. L'amour doit être le fil unique sur lequel toutes les religions et toutes les philosophies sont enfilées. » Elle ajoute que, pour éveiller la conscience de l'unité et répandre l'amour, il est nécessaire de respecter la diversité et d'écouter les autres avec un cœur ouvert.

Amma aborde également avec maestria le sujet de la guerre, plaidant pour que l'argent dépensé et les efforts déployés à faire la guerre soient employés à instaurer la paix dans le monde. Elle affirme que « cela apporterait sans aucun doute la paix et l'harmonie en ce monde ». Là encore, elle insiste sur le fait que le moyen-clé pour vaincre les ennemis intérieurs et extérieurs n'est pas la contrainte physique ni psychologique, mais la spiritualité.

Dans la suite du discours, Amma redéfinit un des autres défis auxquels le monde est actuellement confronté : la pauvreté. Elle distingue deux sortes de pauvreté, l'une physique et l'autre spirituelle, et nous exhorte tous à traiter en priorité la seconde, car seule une telle approche apportera une solution durable aux deux.

L'enseignement d'Amma nous entraîne toujours au-delà des différences et des désirs personnels pour nous donner l'expérience de l'unité fondamentale de l'humanité. A Barcelone, à l'apogée de son discours, Amma a de nouveau insisté sur ce message d'unité. L'histoire émouvante qui met en scène l'arc-en-ciel illustre comment la diversité et l'unité peuvent coexister, si seulement nous développons assez de sagesse pour trouver notre propre bonheur à rendre les autres heureux.

Amma dit souvent que servir les pauvres est notre devoir suprême envers Dieu. Et elle conclut son allocution en demandant à ses enfants un engagement très clair : « Nous devrions nous engager à travailler tous les jours une demi-heure de plus et à donner le salaire de ce temps supplémentaire de travail à ceux qui souffrent. Telle est la requête d'Amma. »

Qui serait plus qualifié pour parler de l'importance et de la beauté du service désintéressé ?

Ces paroles ont une toute autre force de persuasion quand elles sont prononcées par un être qui a si parfaitement modelé sa vie à l'image de son enseignement.

Le discours d'Amma fut suivi par un tonnerre d'applaudissements et le public s'est levé pour une ovation.

Ce soir-là, bien que cela n'eût pas été prévu au départ dans le programme, (en fait, la session du Parlement des Religions était levée) Amma a donné le darshan. Une foule énorme d'admirateurs et nombre de personnalités et de délégués du Parlement vinrent recevoir sa bénédiction.

Le darshan se déroula dans une tente surplombant la Méditerranée. Elle avait été érigée par la communauté des Sickhs pour nourrir les délégués du Parlement. Peu après avoir quitté le Parlement, Amma est arrivée dans la tente et s'est assise sans cérémonie sur une chaise qui n'avait été installée que quelques minutes plus tôt (car personne ne savait si elle allait vraiment donner le darshan). Sans aucun apprêt, à sa manière inimitable, Amma se mit à recevoir les gens, prenant chacun dans ses bras. Malgré l'absence de sono, il ne fallut que quelques

Introduction

minutes pour que les participants se mettent à chanter des bhajans, repris en chœur par tous. Le darshan, qui se poursuivit jusque tard dans la nuit, semblait une illustration parfaite de ce que le discours d'Amma, quelques heures auparavant, nous invitait à réaliser : des gens venus de toute l'Europe, du monde entier, de religions différentes, se trouvaient là, unis dans l'expérience de l'amour. La diversité rassemblée dans l'unité : le fondement de la paix.

Pendant la nuit, le chef des Sikhs, accompagné d'un groupe important de fidèles, vint rendre hommage à Amma. Tout en prononçant des paroles de respect et de bienvenue, il plongeait les mains dans une grande coupe remplie de pétales de fleurs et les ressortait remplies à profusion de pétales qu'il lançait avec beaucoup d'exubérance sur Amma qui ne demeura pas en reste : elle attrapait les pétales et les lançait sur lui et sur ses fidèles.

Ce qui arriva ensuite ne fut rien de moins qu'un miracle. Amma s'inquiéta parce que les personnes présentes étaient avec elle depuis des heures et que personne n'avait rien mangé. Les Sikhs offrirent la nourriture qui leur restait, suffisante pour environ 150 repas. Une fois le darshan terminé, Amma se rendit directement aux tables où l'on distribuait la nourriture et se mit à servir ses enfants, augmentant ou réduisant parfois les portions de ceci ou de cela, calculant avec précision pour être sûre que tout le monde aurait à manger. Et elle réussit car, pour finir, tout le monde reçut un repas amplement suffisant, les récipients étaient nets, raclés jusqu'au fond et il n'y eut aucune perte. Comment une quantité de nourriture suffisante pour 150 personnes permit-elle d'en nourrir plus de mille, si bien que tout le monde fut rassasié et que rien ne fut perdu ? Il est impossible de l'expliquer.

Quelques heures à peine après la fin du darshan et du repas, moins de vingt-quatre heures après son arrivée, Amma était de nouveau à l'aéroport. Le Parlement avait eu lieu pendant la tournée qu'Amma effectue chaque année aux Etats-Unis. Elle partit à la fin du programme de Chicago, prononça son discours, donna le darshan impromptu et revint à temps pour le programme suivant, à Washington D.C.

Barcelone fut une tribune de plus pour le message d'Amour qu'Amma n'a jamais fini de

Introduction

délivrer. L'amour triomphe de tout, c'est vrai. Ouvrons donc nous aussi notre cœur et abandonnons-nous à cet Amour. Les paroles d'un mahatma sont pareilles à des graines semées dans la terre de notre cœur. Si la terre les reçoit et les nourrit, elles peuvent produire de grands arbres, qui procurent des fruits et de l'ombre à de nombreuses personnes dans le besoin. Puissent les paroles d'Amma germer et croître dans notre cœur, rendant ainsi notre vie fructueuse, bénéfique pour le monde.

En conclusion, je voudrais citer une phrase tirée d'un article paru dans l'un des journaux espagnols à grand tirage, El Periodico : « Dans un monde qui manque de foi, Amma est un champion en matière de spiritualité. »

Oui, en vérité, elle nous conduit vers la réussite ultime qui consiste à transcender toutes les faiblesses du mental, à développer pleinement notre potentiel pour finalement atteindre la paix et la tranquillité dans toutes les circonstances de la vie.

Swami Amritaswarupananda
Mata Amritanandamayi Math
Amritapuri

Discours de Sri Mata Amritanandamayi

Parlement des Religions du Monde
Barcelone, Espagne
Cérémonie de Clôture
le 13 juillet 2004

Amma s'incline devant vous tous ici présents, qui êtes des incarnations de l'amour pur et de la conscience suprême. Les efforts et les sacrifices de ceux qui ont été capables d'organiser un événement aussi considérable sont au-delà des mots. Amma s'incline humblement devant un tel dévouement.

Les aptitudes que Dieu nous a données sont un trésor, autant pour nous-même que pour le monde entier. Cette richesse doit être utilisée à bon escient, elle ne doit pas devenir un fardeau, ni pour nous, ni pour le monde. La plus grande des tragédies n'est pas la mort ; laisser notre grand potentiel, nos talents et nos aptitudes rouiller, sous-employés, alors que nous sommes vivants, voilà ce qui constitue en fait la plus grande des tragédies. Quand nous faisons usage des richesses de la nature, elles diminuent, tandis que lorsque nous utilisons la richesse que constituent nos dons intérieurs, elle augmente.

Mais utilisons-nous réellement nos aptitudes ? Quel a toujours été le but de l'humanité ? A quoi aspirons-nous en tant qu'êtres humains ? Le but de chacun n'a-t-il pas toujours été d'obtenir autant de bonheur et de satisfaction que possible, à la fois dans sa vie personnelle et pour l'ensemble de la société ? Mais où en sommes-nous maintenant ? La plupart d'entre nous vont d'erreur en erreur, ce qui ne fait qu'aggraver nos problèmes.

Chaque pays a tenté d'accroître sa puissance en développant son pouvoir politique, militaire, économique, scientifique, technologique et sa force de frappe. Reste-t-il encore quelque chose à tenter et à explorer ? Nous sommes tous encore si polarisés sur ces domaines ! Il y a si longtemps que nous expérimentons ces méthodes ; nous ont-elles apporté le moins du monde la vraie paix et le contentement ? Non. Le temps a prouvé que ces procédés à eux seuls ne peuvent pas nous donner le bonheur. Pour trouver la paix et le contentement que nous recherchons, il faut que le pouvoir spirituel, dont nous n'avons encore jamais fait l'expérience, se développe parallèlement à tous ces différents domaines.

En réalité, il n'existe qu'une seule différence entre les habitants des pays riches et ceux des pays pauvres : alors que les riches pleurent dans leurs pièces climatisées et leurs superbes demeures, les pauvres pleurent sur le sol en terre battue de leur hutte. Dans tous les cas, une chose est claire : dans de nombreuses parties du monde, ceux qui nourrissaient l'espoir de sourire et de vivre heureux versent maintenant des larmes. Le chagrin et la souffrance sont devenus le signe distinctif de nombreux pays.

Il est insensé de rejeter l'entière responsabilité de cette situation sur la religion. Une des causes majeures de tous ces problèmes, c'est l'*interprétation* erronée de l'enseignement des religions et de la spiritualité.

De nos jours, c'est à l'extérieur que nous recherchons les causes et les solutions de tous les problèmes du monde. Dans notre précipitation, nous oublions la plus grande des vérités : la source de tous les problèmes se trouve dans le mental de l'être humain. Nous oublions que le monde ne peut devenir bon que si le mental individuel devient bon. Par conséquent, parallèlement à la compréhension du monde extérieur, il est essentiel d'aller à la découverte du monde intérieur.

Il y eut un jour une cérémonie pour inaugurer un nouveau super-ordinateur. Après l'inauguration, les organisateurs invitèrent les participants à poser n'importe quelle question au super-ordinateur, promettant qu'il répondrait en quelques secondes. Chacun fit de son mieux pour poser au super-ordinateur les questions les plus complexes, dans les domaines des sciences, de l'histoire, de la géographie, etc. Dès qu'une question était posée, la réponse s'affichait sur l'écran. Soudain, un enfant s'est levé et a posé une question très simple : « Salut, super-ordinateur. Comment vas-tu aujourd'hui ? » L'écran scintilla pendant longtemps, mais aucune réponse n'apparut ! L'ordinateur pouvait fournir des réponses aux questions portant sur n'importe quel sujet, excepté sur lui-même.

Nous vivons pour la plupart dans une situation similaire à celle de cet ordinateur. Parallèlement à notre compréhension du monde extérieur, nous devons aussi développer la connaissance de notre monde intérieur.

Quand le téléphone ne marche plus, nous appelons la compagnie de téléphone pour le réparer, quand notre télévision par câble ne reçoit pas les programmes en clair, les spécialistes du câble nous dépannent et quand nous ne pouvons plus établir la liaison avec le réseau Internet, un technicien vient la restaurer. Ainsi, la spiritualité est le moyen de rétablir notre liaison intérieure avec le Divin. La science de la spiritualité replace la 'commande à distance' de notre mental entre nos mains.

Il y existe deux sortes d'éducation : l'éducation qui permet de gagner sa vie et celle qui permet de vivre. Quand nous étudions à l'université, nous efforçant de devenir médecin, juriste ou ingénieur, il s'agit de l'éducation qui nous permettra ensuite de gagner notre vie. Mais l'éducation pour « vivre » exige la compréhension des principes essentiels de la spiritualité. Cela signifie que nous développons une meilleure compréhension du monde, du mental, des émotions et de nous-même.

Nous savons tous que le véritable but de l'éducation n'est pas de former des êtres qui ne comprennent que le langage des machines. Le principal objectif de l'éducation doit être de transmettre une *culture du cœur*, une culture fondée sur les valeurs spirituelles.

Une vision uniquement extérieure de la religion engendre encore davantage de divisions. Il nous faut voir et comprendre l'intérieur, l'*essence* des religions, et cela d'un point de vue spirituel. C'est seulement ainsi que le sentiment de division prendra fin. Là où il y a division, il ne peut pas y avoir d'expérience spirituelle authentique et là où il y a expérience spirituelle, il ne peut pas y avoir de division, il n'y a qu'unité et amour. Les guides religieux doivent être prêts à œuvrer sur la base de cette connaissance et rendre leurs fidèles conscients de ces vérités.

Le problème surgit quand nous déclarons : « Notre religion a raison, la vôtre a tort. » Cela revient à dire : « Ma mère est une femme très bien, la tienne est une prostituée ! » L'amour et la compassion sont l'essence même de toutes les religions. Où donc alors est la nécessité pour nous d'entrer inutilement en compétition ?

L'amour est notre véritable essence. L'amour n'est pas limité par la religion, la race, la nationalité ou la caste. Nous sommes tous des perles enfilées sur le même fil de l'amour. Éveiller en nous la conscience de cette unité et propager l'amour qui est notre nature intrinsèque, voilà le vrai but de l'existence humaine.

En vérité, l'amour est la seule religion qui puisse aider l'humanité à s'élever vers des hauteurs sublimes et glorieuses. L'amour doit être le fil unique sur lequel toutes les religions et les philosophies sont enfilées. La beauté d'une société repose sur l'unité des cœurs.

Le *Sanatana Dharma*, l'ancienne tradition spirituelle de l'Inde, nous offre une très grande diversité. Chaque être humain est unique. Chacun est doté d'un tempérament différent. Les sages d'autrefois nous ont donc pourvus d'une multitude de chemins spirituels afin que chaque individu puisse choisir celui qui lui convient. On ne peut pas utiliser la même clé pour ouvrir tous les verrous et le même type de vêtement ou de nourriture ne convient pas à tout le monde. Cette diversité vaut également pour la spiritualité. La même voie ne convient pas à tous.

Ainsi, des réunions et des conférences comme celles-ci doivent avant tout mettre l'accent sur la spiritualité, sur l'essence profonde des religions. C'est la seule manière de parvenir à la paix et à l'unité. Cette conférence ne devrait pas se réduire à une rencontre d'« entités physiques ». En de telles occasions, une vraie rencontre devrait avoir lieu, une rencontre dans laquelle chacun peut voir et connaître le cœur de l'autre.

La technologie de la communication nous donne le sentiment que des personnes situées à des milliers de kilomètres sont toutes proches. Cependant, en l'absence de communication entre les cœurs, même ceux qui nous sont physiquement proches peuvent nous sembler très éloignés.

Il ne doit donc pas s'agir ici d'une conférence ordinaire, où « tout le monde parle, personne n'écoute et personne n'est d'accord » !

Il est important d'écouter. En ce monde, nous voyons et entendons bien des choses. Mais évitons de nous immiscer dans les affaires d'autrui car cela peut avoir des conséquences dangereuses. Amma se rappelle une histoire.

Un homme longeait un jour le mur d'un hôpital psychiatrique quand il entendit une voix plaintive : « 13...13...13...13... ». L'homme s'approcha pour localiser la source du son. Il vit un trou dans le mur et comprit que le son venait de l'autre côté. Par curiosité, il mit l'oreille dans le trou, espérant mieux entendre. Soudain quelque chose lui mordit violemment l'oreille. Il cria de douleur ; alors la voix plaintive dit : « 14...14...14...14. » !

Il est donc très important, lorsque nous écoutons, d'utiliser notre discernement pour savoir ce à quoi nous devons prêter attention.

Les vrais guides spirituels aiment et même vénèrent la création entière, voyant partout la Conscience divine. Ils voient l'Unité qui sous-tend la diversité. Mais de nos jours, beaucoup de guides religieux interprètent de façon erronée les paroles et les expériences des anciens Sages et Prophètes et exploitent les personnes au mental faible.

La religion et la spiritualité sont les clefs qui permettent d'ouvrir le cœur et de regarder chacun avec compassion. Mais, aveuglé par l'égoïsme, notre mental a perdu la faculté de juger correctement et notre vision est déformée. Une telle attitude ne fera que créer davantage d'obscurité. Les clefs mêmes faites pour ouvrir le cœur, notre mental dans sa confusion s'en sert pour le fermer à double tour.

Il était une fois quatre hommes qui se rendaient à une conférence religieuse. Ils devaient passer la nuit ensemble sur une île. C'était une nuit glaciale. Chacun des voyageurs transportait dans son sac des allumettes et un peu de bois de chauffage mais chacun pensait qu'il était le seul à en avoir.

Le premier homme se dit : « D'après le médaillon que cet homme porte au cou, je pense qu'il appartient à une autre religion. Si je fais un feu, il va lui aussi profiter de sa chaleur. Pourquoi devrais-je utiliser mon précieux bois pour le réchauffer ? »

Le second homme pensa : « Cet homme vient d'un pays qui nous a toujours fait la guerre. Je ne peux imaginer utiliser mon bois pour son confort ! »

Le troisième homme regarda l'un des autres et pensa : « Je le connais. Il fait partie d'une secte qui n'a fait que créer des problèmes dans ma religion. Je ne vais pas gaspiller mon bois pour lui ! »

Le dernier homme pensa : « Cet homme a une couleur de peau différente de la mienne et je déteste ça ! Il n'est pas question que j'utilise mon bois pour lui ! »

Au bout du compte, aucun ne voulut allumer son bois pour réchauffer les autres et ainsi, au petit matin ils moururent tous les quatre gelés par le froid. De même, nous éprouvons de la haine au nom de la religion, de la nation, de la couleur de peau ou d'une caste, sans montrer la moindre compassion envers notre prochain.

La société moderne ressemble à une personne souffrant d'une forte fièvre. A mesure que la température augmente, le malade dit des choses sans queue ni tête. En montrant une chaise, il se peut qu'il dise : « Oh, la chaise me parle ! Regardez, elle vole ! ». Comment répondre ? Comment lui prouver que la chaise ne vole pas ?

La seule façon de l'aider, c'est de lui donner un médicament qui fasse baisser la fièvre. Une fois la fièvre tombée, tout redeviendra normal. Aujourd'hui, les gens souffrent de la fièvre de l'égoïsme, de l'avidité, des désirs effrénés et ainsi de suite.

La religion et la spiritualité constituent la voie qui permet de transformer la colère que nous portons en nous en compassion, la haine en amour, les pensées sensuelles en pensées divines, et la jalousie en sympathie. Cependant, dans l'état actuel de notre mental plein d'illusions, la majorité d'entre nous ne comprend pas cela.

La société est composée d'individus. Ce sont les conflits du mental individuel qui se manifestent à l'extérieur par la guerre. Quand les individus changent, la société change automatiquement. Tout comme la haine et l'esprit de vengeance existent dans le mental, la paix et l'amour, eux aussi, peuvent exister dans le mental.

Pour faire la guerre, nous dépensons des milliards de dollars et employons d'innombrables personnes. Imaginez la somme de concentration et d'efforts intenses engagés dans ce processus ! Si nous utilisions ne serait-ce qu'une fraction de cet argent et de ces efforts pour la paix dans le monde, nous pourrions sans aucun doute y apporter la paix et l'harmonie.

Chaque pays dépense des sommes énormes à mettre en place des systèmes de défense. La sécurité est indispensable mais le plus grand de tous les systèmes de sécurité consiste à assimiler les principes spirituels et à vivre en conformité avec eux. Nous avons oublié cette vérité.

Pour affronter les ennemis qui nous attaquent aujourd'hui de l'intérieur comme de l'extérieur, il ne suffit pas d'augmenter la puissance de nos armes. Nous ne pouvons plus nous permettre de tarder à redécouvrir et à renforcer notre arme la plus puissante, la spiritualité, qui est inhérente à chacun.

Plus d'un milliard d'êtres humains souffrent de la pauvreté et de la faim. C'est cela, en vérité, notre plus grand ennemi. La misère est une des raisons fondamentales qui pousse les gens à commettre des vols et des meurtres ou à devenir des terroristes. C'est encore la misère qui en contraint d'autres à se tourner vers la prostitution pour survivre. La pauvreté n'affecte pas seulement le corps mais affaiblit aussi l'esprit. De tels esprits sont endoctrinés au nom de la religion et on leur injecte le poison d'idéaux terroristes. En ce sens, Amma pense que 80 %

des problèmes de la société seraient résolus par l'éradication de la pauvreté.

D'une façon générale, le genre humain chemine sans avoir une conscience claire du but.

Un conducteur au volant de son véhicule arrive à une intersection et demande à un piéton :

- Pouvez vous me dire où mène cette route ?
- Où voulez-vous aller ? s'enquiert le piéton.
- Je ne sais pas. répond l'homme.
- Eh bien, dans ce cas, dit le piéton, peu importe la route que vous prendrez !

Nous ne devrions pas ressembler à ce conducteur. Nous avons besoin d'un but bien défini.

Amma s'inquiète de voir la direction que prend le monde. Si, dans le futur, il y a une troisième guerre mondiale, que ce ne soit pas une guerre entre nations mais plutôt une guerre contre notre ennemi commun, la pauvreté !

Dans le monde d'aujourd'hui il existe deux sortes de pauvreté : la pauvreté engendrée par le manque de nourriture, de vêtements et d'abri, et la pauvreté engendrée par le manque d'amour et de compassion.

Des deux, c'est de la seconde dont il faut se préoccuper en premier, parce que si notre cœur est plein d'amour et de compassion, nous pourrons servir de tout cœur ceux qui souffrent par manque de nourriture, de vêtements et d'abri.

Ce n'est pas l'époque où nous vivons mais notre propre compassion qui apportera un changement dans la société. Les religions devraient pouvoir rendre les cœurs plus compatissants. Tel devrait être le but principal des religions et de la spiritualité.

Pour protéger ce monde, il nous faut choisir une voie où nous abandonnons nos différences et nos désirs personnels. En pardonnant et en oubliant, nous pouvons essayer de recréer ce monde et de lui donner une nouvelle vie. Il est inutile d'exhumer et de scruter le passé ; cela n'apportera rien à personne. Abandonnant la voie de la vengeance et des représailles, il s'agit pour nous de considérer impartialement la situation du monde actuel. C'est ainsi seulement que nous découvrirons la voie qui mène au vrai progrès.

Seule notre foi dans le pouvoir immense du Soi intérieur, qui transcende toutes les différences extérieures, peut créer la véritable unité, aussi bien entre les êtres humains qu'entre l'humanité et la nature.

Un arc-en-ciel nous offre sa splendeur mais il possède aussi une signification profonde qui aide l'esprit à grandir. Un arc-en-ciel est formé par la convergence de sept couleurs différentes et c'est ce qui le rend si beau et attrayant. Nous devrions être pareillement capables d'accepter et d'apprécier les différences créées par la religion, la nationalité, la langue et la culture et de nous donner la main pour accorder la première place au bien-être de l'humanité et aux valeurs humaines universelles.

Un arc-en-ciel n'apparaît dans le ciel que quelques minutes. Pourtant, pendant ce court laps de temps, il réjouit tous les cœurs. Tout comme l'apparition de l'arc-en-ciel, si fugitive dans l'infini du ciel, la durée de notre vie, courte et insignifiante, n'est qu'un bref instant au regard de l'éternité. Aussi longtemps que nous vivons dans ce monde, notre devoir (*dharma*) primordial et essentiel est d'être utile aux autres. Seul l'éveil de la bonté en nous permet à notre personnalité et à nos actes de rayonner la force et la beauté.

Il était une fois une petite fille qui vivait clouée sur un fauteuil roulant. Son handicap la mettait en colère et la frustrait. Toute la journée, elle restait assise près de la fenêtre à broyer du noir, observant avec envie les autres petits enfants courir, sauter, gambader et jouer ensemble.

Un jour, alors qu'elle regardait fixement par la fenêtre, il se mit à bruiner. Soudain, un magnifique arc-en-ciel apparut dans le ciel. La petite fille oublia aussitôt sa chaise roulante, son handicap et son chagrin. L'arc-en-ciel la remplit de joie et d'espoir. Puis, aussi soudainement qu'elle était venue, la petite pluie cessa et l'arc-en-ciel disparut. Mais son souvenir remplissait l'enfant d'une joie et d'une paix étranges. Elle demanda à sa mère où s'en était allé l'arc-en-ciel. Sa mère lui répondit : « Ma chérie, les arc-en-ciel sont des créations très particulières. Ils apparaissent seulement quand le soleil et la pluie se rencontrent. » Dès lors, la petite fille s'assit devant la fenêtre pour attendre que le soleil et la pluie se rencontrent. Elle ne pensait plus à regarder les autres enfants jouer.

Finalement, un jour de soleil éclatant, une pluie fine et tout à fait inattendue se mit à tomber et un arc-en-ciel aux couleurs enchanteresses apparut dans le ciel. La joie de l'enfant fut sans borne. Elle appela sa mère pour qu'elle l'emmène vite près de l'arc-en-ciel. Ne voulant pas décevoir son enfant, la mère aida la petite à monter dans la voiture et la conduisit en direction de l'arc-en-ciel.

Finalement, elles arrivèrent à un endroit où elles pouvaient bien le voir ; la mère arrêta la voiture et aida sa fille à sortir afin qu'elle puisse profiter du spectacle. Les yeux levés vers l'arc-en-ciel, l'enfant demanda : « Merveilleux arc-en-ciel, tu brilles avec tant d'éclat, quel est ton secret ? »

L'arc-en-ciel répondit : « Ma chère enfant, je ne vis qu'un court instant. Mon existence ne dure que le moment fugace où le soleil et la pluie se rencontrent. Au lieu de me lamenter sur la brièveté de ma vie, j'ai décidé de rendre le plus grand nombre de gens aussi heureux que possible pendant ce laps de temps. Et c'est ensuite que je suis devenu beau et lumineux. »

Puis, alors que l'arc-en-ciel était encore en train de parler, il commença graduellement à pâlir jusqu'à finalement disparaître.

La petite fille regardait pleine d'amour et d'admiration l'endroit, dans le ciel bleu, où l'arc-en-ciel était apparu. Dès lors, elle ne fut plus jamais la même. Au lieu de broyer du noir et de se plaindre de son handicap, elle essaya de sourire et d'apporter du bonheur à tous ceux qui l'approchaient. C'est ainsi qu'elle trouva la vraie joie et le contentement.

L'arc-en-ciel s'était oublié lui-même et vivait pour l'amour des autres ; tel était le secret de sa beauté.

Ainsi, c'est quand nous nous oublions nous-mêmes et vivons pour le bonheur des autres que nous connaissons réellement la beauté de la vie.

Que nous travaillions ou que nous restions oisifs, le corps périra. Aussi, au lieu de rouiller sans rien faire pour la société, mieux vaut s'user à faire de bonnes actions.

Dans le *Sanatana Dharma*, (mot à mot : la religion éternelle) que l'on appelle aujourd'hui

Hindouisme, il y a le mantra suivant : « *Lokah Samastha Sukhino Bhavantu* », ce qui signifie : « Que tous les êtres dans tous les mondes soient heureux ! »

Selon les Écritures de l'Inde, il n'y a pas de différence entre le Créateur et la création, de même qu'il n'y a pas de différence entre l'océan et les vagues. L'essence de l'océan et celle des vagues est une seule et même chose : l'eau. L'or et les bijoux en or ne font qu'un parce que l'or est la matière qui constitue les bijoux. L'argile et le pot en réalité ne font qu'un parce que le pot est fait d'argile.

Il n'y a donc pas de différence entre le Créateur (Dieu) et la création. Fondamentalement, ils sont une seule et même chose : pure Conscience. Aussi devons-nous apprendre à aimer également tous les êtres, parce qu'en essence nous sommes tous un, l'*âtman* ; nous sommes une seule âme (le Soi). Bien qu'extérieurement tout paraisse différent, intérieu-rement tout est la manifestation du Soi absolu.

Dieu n'est pas un personnage limité, assis tout seul, là-haut dans les nuages, sur un trône doré. Dieu est la pure Conscience qui demeure à l'intérieur de toute chose. Il nous faut comprendre cette vérité et ainsi apprendre à accepter et à aimer également tous les êtres.

De même que le soleil n'a pas besoin de la lumière d'une bougie, Dieu n'a besoin de rien. Dieu est Celui qui donne toute chose. Allons vers ceux qui souffrent et servons-les.

Il y a dans le monde des millions de réfugiés et de déshérités. Les gouvernements s'efforcent de les aider de différentes manières, mais le monde a besoin de beaucoup plus de personnes prêtes à travailler dans un esprit altruiste.

Entre les mains de ceux qui servent leur intérêt personnel, un million de dollars ne sont plus que 100 000 dollars lorsque ces fonds parviennent aux personnes qui devraient en bénéficier. Cela revient à verser de l'huile d'un récipient dans un autre puis encore dans un autre. Au bout du compte, il n'y a plus d'huile car il en est resté dans chaque récipient. La situation est en revanche très différente lorsqu'il s'agit de ceux qui s'engagent à servir de façon désintéressée. S'ils reçoivent des centaines de milliers de dollars, ils distribueront l'équivalent de millions à des personnes démunies. Cela grâce à la pureté de leur motivation : ils veulent simplement être utiles à la société. Plutôt que de recevoir un salaire, ils donnent tout ce qu'ils peuvent à ceux qui souffrent.

Si nous avons un tant soi peu de compassion dans le cœur, nous devrions nous engager à travailler tous les jours une demi-heure de plus et à donner le salaire de ce temps supplémentaire de travail à ceux qui souffrent. Telle est la requête d'Amma. Amma est convaincue qu'ainsi, une solution à toute la souffrance et à la pauvreté qui règnent dans le monde pourra émerger.

Le monde a aujourd'hui besoin de gens dont les paroles et les actes expriment la bonté. Si nous prenons exemple sur de tels modèles de noblesse, les ténèbres qui règnent aujourd´hui dans notre société seront dispersées et la lumière de la paix et de la non-violence viendra à nouveau illuminer cette terre. Œuvrons ensemble à cette fin.

> *Puisse l'arbre de notre vie*
> *être fermement enraciné*
> *dans le terreau de l'amour,*
>
> *Que les bonnes actions soient*
> *les feuilles de cet arbre,*

Puissent les paroles de bienveillance former ses fleurs,

Et puisse la paix en être le fruit.

Puissions-nous grandir et nous épanouir en une seule famille, unie dans l'amour, afin que nous puissions nous réjouir et célébrer notre unité dans un monde où règnent la paix et le bonheur.

En guise de conclusion, Amma voudrait ajouter qu'en réalité, il n'y a pas de fin. Comme un point à la fin d'une phrase, il n'y a qu'une petite pause, une pause avant un nouveau départ sur la voie qui mène à la paix.

Que la grâce divine nous bénisse afin que nous trouvions la force de propager ce message.

Aum Shanti...Shanti...Shanti...

www.ingramcontent.com/pod-product-compliance
Lightning Source LLC
Chambersburg PA
CBHW070043070426
42449CB00012BA/3148